CM1 • CM2 9/11 ans

Améliorer sa conjugaison

Maîtriser les temps essentiels.

Lou Lecacheur
Professeur des Écoles

Nadine Bonnet
Institutrice

Catherine Marchand
Professeur des Écoles

HATIER

INTÉRIEUR : Maquette : PICTORUS. Mise en page : FACOMPO.
COUVERTURE : REPÈRES.
ILLUSTRATIONS : Bruno CONQUET et Guillaume TRANNOY.
ÉCRITURE CURSIVE : Lou LECACHEUR.
ÉDITION : Blandine RENARD.

Sommaire

L'infinitif des verbes (1)

Je compte mes bonnes réponses

Force 1

Observe la règle

Pour conjuguer un verbe, tu dois connaître son **infinitif**.
Grâce à lui, tu trouveras le **groupe** de conjugaison auquel le verbe appartient.
(On trouve l'infinitif des verbes dans le dictionnaire.)
Rappelle-toi que les verbes se classent en **3 groupes** :

- **1er groupe** : les verbes dont l'infinitif se termine par -er (sauf aller).
  donner, chanter, porter, s'énerver, continuer...
- **2e groupe** : les verbes dont l'infinitif se termine par -ir et qui se terminent par -issons à la 1re personne du pluriel.
  finir (nous finissons), se divertir (nous nous divertissons)...
- **3e groupe** : tous les autres verbes. Ils se terminent par -re, -oir et -ir (mais ne font pas -issons à la 1re personne du pluriel).
  boire, devoir, partir, lire, prendre...

1 Souligne le verbe de chaque phrase puis indique son infinitif.

J'aime beaucoup la musique orientale. → verbe aimer
Ils lui font une surprise pour son anniversaire. → ....
Conquis, le public applaudit debout dans la salle. → ....
Après le pont, tu prends la première rue à droite. → ....
L'image s'affiche immédiatement sur son écran. → ....

...... / 4

2 Complète les phrases avec un verbe du 1er groupe à l'infinitif.

- Tu as la première page à ....
- Il faudrait .... la corbeille.
- Vais-je .... ce baba au rhum ?
- Les enfants apprennent à ....
- Ici, il est permis de ....
- Prenez cette carte à ....
- Je vous conseille de ....
- Il aime .... au soleil.

...... / 8

3 Conjugue à la 1re personne du pluriel et indique le groupe du verbe.

resplendir → nous resplendissons → 2e groupe
désobéir → .... → ....
chérir → .... → ....
découvrir → .... → ....
intervenir → .... → ....
mentir → .... → ....

...... / 10

4 Trouve l'infinitif et entoure son groupe de conjugaison.

nous haïssons	haïr	[2e groupe]	3e groupe
ils réagissent	....	2e groupe	3e groupe
vous deveniez	....	2e groupe	3e groupe
tu fournissais	....	2e groupe	3e groupe
je punirai	....	2e groupe	3e groupe
nous dormons	....	2e groupe	3e groupe

...... / 10

5 Coche les verbes du 3e groupe.

☐ vouloir	☐ se plaindre	☐ construire	☐ servir	☐ vomir
☐ assister	☐ imaginer	☐ courir	☐ dire	☐ éteindre
☐ mettre	☐ sourire	☐ valider	☐ tester	☐ organiser
☐ finir	☐ connaître	☐ réunir	☐ boire	☐ aller

...... / 12

6 Souligne les verbes et classe leur infinitif dans le tableau.

Guillaume et Anne vont au restaurant italien. Ils demandent la carte puis réfléchissent au menu. Guillaume prend des lasagnes à la bolognaise. Anne commande une pizza aux quatre fromages. Ils choisiront le dessert après...

1er groupe	2e groupe	3e groupe
....	....	....
....	....	....

...... / 6

Le total de mes bonnes réponses est ...... /50

L'infinitif des verbes (2)

Je compte mes bonnes réponses

Force 2

Observe la règle

Voici quelques remarques qui vont t'aider à utiliser correctement **les verbes à l'infinitif** :

- **À l'infinitif,** le verbe est invariable (sa forme ne change pas).

  Ne pas les envoyer.

- Après les verbes **falloir, pouvoir, vouloir, aller, devoir…** le verbe est à l'infinitif.

  Il faut se dépêcher.
  Tu ne dois pas jeter les papiers par terre.
  Je veux manger des frites !

- Après les prépositions **à, de, pour, avec, sans…** le verbe est à l'infinitif.

  Il court sans tomber.
  Tu peux entrer sans frapper.
  Nous allons à la montagne pour skier.

Retiens bien : dans une phrase, un verbe à l'infinitif peut avoir les mêmes fonctions qu'un nom.

Sujet : **Souffler n'est pas du jeu.**
Complément : **Il ne veut pas dormir sans la lumière.**

1 Recopie ce texte en mettant à l'infinitif les verbes qui sont conjugués.

Pour construire une maquette, tu observes le schéma de montage. Tu repères chaque pièce avant de les assembler. Tu colles l'ensemble selon les instructions. Tu peins la maquette en dernier lieu.

....

....

....

....

...... / 4

2 Coche la phrase qui comporte une faute.

- ☐ Pour se connecté sur Internet, il faut entrer son mot de passe.
- ☐ Il faut tourner sa langue sept fois dans sa bouche avant de parler.
- ☐ Il suffisait de prononcer son nom et la créature pouvait apparaître.

…… / 1

3 Récris correctement la phrase de l'exercice 2.

....

…… / 1

4 Remplace le verbe souligné par un infinitif d'un autre groupe.

Leur but est d'atteindre le pôle Nord. → ....

Veux-tu entendre cette symphonie ? → ....

T'inviter chez moi serait un plaisir. → ....

J'utilise une machine à écrire. → ....

Elle préféra sortir. → ....

…… / 5

5 Coche la fonction du verbe souligné dans chaque phrase :

• **Se rencontrer est une bonne idée.**
- ☐ sujet du verbe être.
- ☐ complément du verbe être.

• **Tu possèdes une maison à vendre.**
- ☐ complément du nom maison.
- ☐ c. c. de lieu du verbe posséder.

• **Il n'aime pas attendre.**
- ☐ c. d'objet direct du verbe aimer.
- ☐ c. d'objet indirect du verbe aimer.

• **Je voudrais recevoir une lettre.**
- ☐ c. d'objet direct du verbe vouloir.
- ☐ c. d'objet indirect du verbe vouloir.

…… / 4

6 Choisis 5 verbes. Emploie chacun d'eux à l'infinitif dans une phrase.

1. ....
2. ....
3. ....
4. ....
5. ....

…… / 5

Le total de mes bonnes réponses est …… / 20

Le temps des verbes

Je compte mes bonnes réponses

Force 1

Observe la règle

Axe du temps

Passé	Présent	Futur
<u>Autrefois</u> les voitures n'existaient pas.	**<u>Aujourd'hui</u>, il fait beau.**	**<u>Demain</u>, nous irons à la piscine.**

Dans une phrase, le temps est marqué par :

- la terminaison du verbe.
  Jules jouait, il joua, il a joué. (passé)
  Jules joue. (présent)
  Jules jouera. (futur)
- des indicateurs de temps (mots, expressions, phrases).
  Hier, il y a longtemps, maintenant, à l'instant, dans plusieurs jours, quand l'été reviendra, dès qu'il en eut les moyens…

1 Relie.

Tous les matins, Bastien prend le bus pour se rendre au collège. •
Ma sœur et moi avons adoré le film *La Belle et la Bête*. •
En sortant de la piscine, tu fermeras bien ton manteau. •
Dès son réveil, Louis XIV se rend dans la galerie des Glaces. •
Fumer est néfaste pour la santé. •
Les scientifiques observeront peut-être de la vie sur cette planète. •
Le gagnant monta triomphalement sur le podium. •

• passé
• présent
• futur

…… / 7

2 Entoure ce qui marque le temps dans cette phrase au futur.

La nuit prochaine, nous observerons une éclipse de Lune à l'œil nu.

…… / 2

3 Barre la phrase incorrecte et corrige-la en la récrivant.

- À son époque, Robin des Bois détroussait les riches pour donner aux pauvres.
- Hier matin, je prendrai mon petit déjeuner au lit.
- À cet instant précis, il eut le temps de prévenir les pompiers.

.... 3

Quel temps as-tu employé ?

☐ le passé composé ☐ l'imparfait ☐ le passé simple

4 Barre le verbe qui ne convient pas.

Jadis, les pharaons *(régnaient - règnent)* sur l'Égypte antique.
Quand mon texte sera achevé, je vous l'*(envoyais - enverrai)* par fax.
Samedi prochain, nous *(allions - irons)* danser au bal masqué.
Il s'est fait beaucoup d'amis quand il *(est entré - entrera)* au lycée.
Je *(partais - pars)* au bord de la mer quand j'étais enfant.
Depuis une semaine, le soleil *(disparaît - a disparu)* : il pleut sans arrêt.
D'après les prévisions, le cyclone *(passera - est passé)* dans deux jours. 7

5 Récris ce texte au présent.

La famille Lamarche est partie en randonnée. Alors que les parents suivaient le sentier, les enfants découvraient les joies de l'escalade. Grimpés sur un rocher, ils agitèrent leurs bras et crièrent : « Tu prendras une photo, Papa ? » Alors, le père sortit son appareil et captura l'instant en un clin d'œil.

....

....

....

.... 8

6 Écris une phrase :

- au passé : ....
- au présent : ....
- au futur : 3

Le total de mes bonnes réponses est .... /30

Les modes de conjugaison

Je compte mes bonnes réponses

Force 2

Observe la règle

L'indicatif, l'impératif et le conditionnel sont 3 **modes** qui se conjuguent.

- Le **mode indicatif** est utilisé pour parler de faits considérés comme réels.
  Il fait beau. (présent de l'indicatif)
  La sorcière arrivait sur son balai. (imparfait de l'indicatif)
  Avez-vous pratiqué un sport cet été ? (passé composé de l'indicatif)
- Le **mode impératif** sert à exprimer un ordre, une consigne ou un conseil.
  Mélange bien le sucre et les œufs.
  Tracez une droite.
  Soyons généreuses.
- Le **mode conditionnel** exprime une action qui se réalisera si une condition est d'abord remplie.
  Si j'étais millionnaire, j'achèterais un château.
  Tu peux aussi l'utiliser pour exprimer un souhait.
  Nous aimerions partir en voyage : ce serait merveilleux.
  Tu le trouves également dans les formules de politesse.
  Pourrais-tu me prêter ta gomme, s'il te plaît ?

1 Vrai ou faux ? Coche la bonne case.

Le mode indicatif ne peut être conjugué qu'au présent.	☐ vrai	☐ faux
L'impératif peut être utilisé pour exprimer un conseil.	☐ vrai	☐ faux
On peut conjuguer le conditionnel à toutes les personnes.	☐ vrai	☐ faux

...... / 3

2 Coche les phrases conjuguées au mode indicatif.

☐ Un iceberg flottait sur la banquise.
☐ Tu dois penser à prendre ton ticket.
☐ Pourrais-tu me donner un stylo ?
☐ Méfions-nous des idées reçues.
☐ Je ne voudrais pas rater ce train.
☐ Il a reçu de bonnes nouvelles.

...... / 6

3 Transforme à l'impératif.

Tu dois gonfler tes pneus.

Gonfle tes pneus. ....

Vous devez vous présenter sur place.

....

Nous devons ranger la salle.

....

Nous devons prendre nos bagages.

....

Vous devez suivre mon conseil.

....

Tu dois te faire plaisir.

....

...... / 5

4 Utilise le conditionnel pour compléter.

Si tu trouvais un trésor, tu ....

Si les joueurs marquaient un but, ils ....

Si vous teniez votre promesse, vous ....

Si j'étais invisible, ...

...... / 4

5 Écris une formule de politesse. Utilise le présent du conditionnel.

Je veux un bonbon. → ....

Tu peux ranger. → ....

Il faut te pousser. → ....

Vous devez nous suivre. → ....

...... / 4

6 Recopie les phrases dans le tableau selon le mode du verbe souligné.

<u>Fuyons</u> cet endroit ! Les dés <u>sont jetés</u>. Il lui <u>arrive</u> de mordre. Ce <u>serait</u> génial ! Nous <u>pourrions</u> voter. <u>Attache</u>-le bien. Il <u>faut</u> réussir. Tu <u>verrais</u> la mer.

mode indicatif	mode impératif	mode conditionnel
....	....	....
....	....	....
....	....	....

...... / 8

Le total de mes bonnes réponses est ...... /30

Le présent de l'indicatif

Force 1

Observe la règle

- Tu emploies le **présent de l'indicatif** pour exprimer un fait :
  → qui se déroule au moment où l'on parle : **Je suis en pleine forme.**
  → habituel : **Le mercredi, je joue au football.**
  → permanent : **La Terre tourne autour du Soleil.**
- Pour former le présent de l'indicatif, utilise les **terminaisons** suivantes :

	1er groupe	2e groupe	3e groupe			
	comme **aimer**	comme **finir**	cas **général**	comme **prendre**	comme **vouloir**	comme **offrir**
je	-e	-s	-s	-s	-x	-e
tu	-es	-s	-s	-s	-x	-es
il	-e	-t	-t	-d	-t	-e
nous **vous** **ils**	-ons -ez -es -ent					

Fais attention : de nombreux verbes du 3e groupe sont irréguliers ; leur conjugaison est particulière :

aller → je vais - vouloir → je veux - dire → vous dites - faire → vous faites

1 **Coche la case si le verbe est au présent de l'indicatif.**

- ☐ Les pandas se nourrissent de bambous.
- ☐ Nous n'avons pas aimé ce gâteau.
- ☐ Il regrette ses paroles.
- ☐ Je prendrai du recul.
- ☐ Les enfants feront leur valise.
- ☐ Les ordinateurs tombent en panne.
- ☐ Il n'y a pas de fumée sans feu.
- ☐ Sais-tu d'où je viens ?

...... / 5

2 **Récris au présent les phrases de l'exercice 1 qui ne le sont pas.**

....

....

....

...... / 3

3 Trouve les erreurs et corrige-les.

Je pousse un cri. Tu pousses un cri. Il pousse un cri. Nous poussont un cri. Vous poussez un cri. Ils poussent un cri. → ....

Je finie le plat. Tu finis le plat. Elle finit le plat. Nous finissons le plat. Vous finissez le plat. Elles finissent le plat. → ....

Je mets un pull. Tu mets un pull. Il mets un pull. Nous mettons un pull. Vous mettez un pull. Ils mettent un pull. → ....

...... / 3

4 Complète avec un verbe de ton choix, conjugué au présent.

- Le client .... la facture.
- Je .... cette mission spéciale.
- L'homme .... sur le trottoir.
- Tu .... une invitation.
- Vous .... à la maison.
- Sans hésiter, nous ....

...... / 6

5 Conjugue au présent.

- *(rentrer)* Dominique .... heureux du cours de guitare.
- *(appeler)* Tous les mardis, Pierre .... ses copains en rentrant de l'école.
- *(voyager)* Nous .... toujours avec plaisir en wagon-lit.
- *(espérer)* Les alpinistes .... réussir l'ascension du pic de l'Aigle.
- *(voir)* ....-vous parfaitement avec vos lunettes ?

...... / 5

6 Verbes croisés au présent.

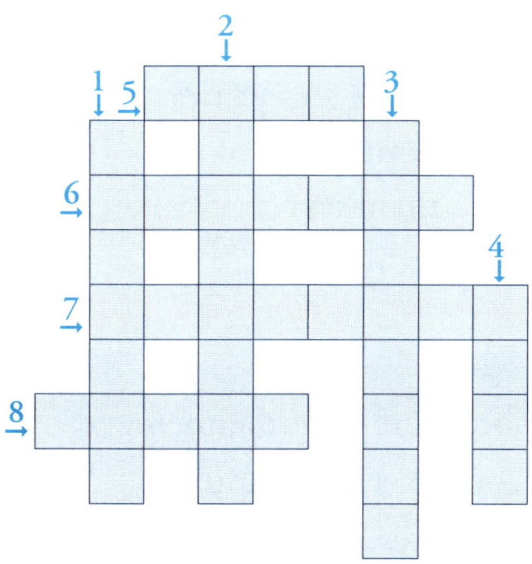

1 → aplatir (1re pers. du singulier)
2 → sourire (3e pers. du pluriel)
3 → enrouler (2e pers. du singulier)
4 → servir (3e pers. du singulier)
5 → oser (2e pers. du pluriel)
6 → pouvoir (3e pers. du pluriel)
7 → agir (1re pers. du pluriel)
8 → rire (1re pers. du pluriel)

...... / 8

Le total de mes bonnes réponses est ...... /30

Le présent de l'impératif

Je compt
mes bonne
réponses

Force 2

Observe la règle

- Tu emploies l'**impératif présent** pour formuler un conseil, une consigne ou un ordre. Ce mode ne se conjugue qu'à trois personnes, sans sujet :

  Signe au bas de la page. (2e personne du singulier)
  Signons au bas de la page. (1re personne du pluriel)
  Signez au bas de la page. (2e personne du pluriel)

- Pour former le présent de l'impératif, utilise les **terminaisons** suivantes :

	1er groupe	2e groupe	3e groupe	
	comme **chanter**	comme **finir**	comme **venir**	comme **offrir**
2e pers. du singulier	-e	-s	-s	-e
1re pers. du pluriel	-ons			
2e pers. du pluriel	-ez			

Fais attention : pour la prononciation, il faut parfois ajouter un -s final et un tiret à la 2e personne du singulier.

Va à ta place ! → Vas-y ! **Goûte ce chocolat. → Goûtes-en.**

1 Coche la case si le verbe est conjugué à l'impératif.

- ☐ Au feu rouge, arrêtez-vous.
- ☐ Je vous adresse mes excuses.
- ☐ N'oublie pas ton maillot de bain.
- ☐ Eh bien, dansez maintenant !
- ☐ Il faudrait tout enregistrer.
- ☐ Entre et ferme la porte.
- ☐ Votons à main levée.
- ☐ Connais-tu ma sœur ?

.... / 8

2 Complète avec : protège - protégeons - protégez.

.... nos dents contre les caries en les brossant quotidiennement.

Si tu veux faire du roller, ...-toi les coudes et les genoux.

.... la forêt des risques d'incendie : n'y faites jamais de feu.

.... / 3

Corrigés à détacher

Après avoir vérifié ici tes réponses, reporte-toi au tableau page 28 pour évaluer ton travail.

L'infinitif des verbes (1) PAGE 4

1 font → verbe faire
applaudit → verbe applaudir
prends → verbe prendre
s'affiche → verbe s'afficher

2 Vérifie avec un adulte. **À titre d'exemple :**
Tu as la première page à illustrer. Il faudrait vider la corbeille. Vais-je goûter ce baba au rhum ? Les enfants apprennent à s'exprimer. Ici, il est permis de chahuter. Prenez cette carte à gratter. Je vous conseille de freiner. Il aime bronzer au soleil.

3 nous désobéissons → 2e groupe
nous chérissons → 2e groupe
nous découvrons → 3e groupe
nous intervenons → 3e groupe
nous mentons → 3e groupe

4 réagir (2e groupe) - devenir (3e groupe) - fournir (2e groupe) - punir (2e groupe) - dormir (3e groupe).

5

☒ vouloir	☒ connaître	☐ tester
☐ assister	☒ construire	☒ boire
☒ mettre	☒ courir	☐ vomir
☐ finir	☐ valider	☒ éteindre
☒ se plaindre	☐ réunir	☐ organiser
☐ imaginer	☒ servir	☒ aller
☒ sourire	☒ dire	

6 **1er groupe :** demander (demandent)
commander (commande)
2e groupe : réfléchir (réfléchissent)
choisir (choisiront)
3e groupe : aller (vont)
prendre (prend)

L'infinitif des verbes (2) PAGE 6

1 Pour construire une maquette, observer le schéma de montage. Repérer chaque pièce avant de les assembler. Coller l'ensemble selon les instructions. Peindre la maquette en dernier lieu.

2 Phrase incorrecte :
Pour se connecté sur Internet, il faut entrer son mot de passe.

3 Pour se connecter sur Internet, il faut entrer son mot de passe.

4 Vérifie avec un adulte. **À titre d'exemple :**
Leur but est d'explorer le pôle Nord. Veux-tu enregistrer cette symphonie ? Te recevoir chez moi serait un plaisir. J'utilise une machine à laver. Elle préféra s'éloigner.

5 Se rencontrer : sujet du verbe être - à vendre : complément du nom maison - attendre : c. d'objet direct du verbe aimer - recevoir : c. d'objet direct du verbe vouloir.

6 Vérifie avec un adulte. **À titre d'exemple :**
1. Tu dois fournir une preuve. 2. Bien dormir est essentiel. 3. Voulez-vous prendre le thé ? 4. Je vais monter au dernier étage. 5. On ne peut pas le croire.

Le temps des verbes PAGE 8

1
Tous les matins, Bastien prend…
Ma sœur et moi avons adoré…
En sortant de la piscine, tu fermeras…
Dès son réveil, Louis XIV se rend…
Fumer est néfaste…
Les scientifiques observeront…
Le gagnant monta…

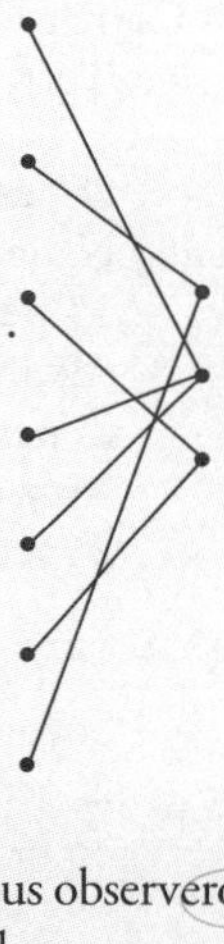

passé
présent
futur

2 La nuit prochaine, nous observerons une éclipse de Lune à l'œil nu.

3 Vérifie avec un adulte. **À titre d'exemple :**
Hier matin j'ai pris mon petit déjeuner au lit. (passé composé)
ou Hier matin, je prenais mon petit déjeuner au lit. (imparfait)
ou Hier matin, je pris mon petit déjeuner au lit. (passé simple)

4 Jadis, les pharaons régnaient - ~~règnent~~ sur l'Égypte antique. - Quand mon texte sera achevé, je vous l'~~envoyais~~ - enverrai par fax. - Samedi prochain, nous ~~allions~~ - irons danser… - Il s'est fait beaucoup d'amis quand il est entré - ~~entrera~~ au lycée. - Je partais - ~~pars~~ au bord de la mer… - Depuis une semaine, le soleil ~~disparaît~~ - a disparu… - D'après les prévisions, le cyclone passera - ~~est passé~~ dans deux jours.

5 La famille Lamarche part en randonnée. Alors que les parents suivent le sentier, les enfants découvrent les joies de l'escalade. Grimpés sur un rocher, ils agitent leurs bras et crient : « Tu prends une photo, Papa ? » Alors le père sort son appareil et capture l'instant en un clin d'œil.

6 Vérifie avec un adulte. **À titre d'exemple :**
Au passé : Chaque année, il revenait sur le lieu.
Au présent : Les hirondelles ne font pas le printemps.
Au futur : Nous lui ferons une surprise.

Les modes de conjugaison PAGE 10

1
- Le mode indicatif ne peut être conjugué qu'au présent. (Faux)
- L'impératif peut être utilisé pour exprimer un conseil. (Vrai)
- On peut conjuguer le conditionnel à toutes les personnes. (Vrai)

2
☒ Un iceberg flottait sur la banquise.
☒ Tu dois penser à prendre ton ticket.
☐ Pourrais-tu me donner un stylo ?
☐ Méfions-nous des idées reçues.
☐ Je ne voudrais pas rater ce train.
☒ Il a reçu de bonnes nouvelles.

3 Rangeons la salle. - Suivez mon conseil. - Présentez-vous sur place. - Prenons nos bagages. - Fais-toi plaisir.

4 Vérifie avec un adulte. **À titre d'exemple :** Si tu trouvais un trésor, tu serais extrêmement chanceux. - Si les joueurs marquaient un but, ils augmenteraient le score. - Si vous teniez votre promesse, vous n'auriez qu'une parole. - Si j'étais invisible, je m'amuserais beaucoup.

5 Je voudrais un bonbon. - Tu pourrais ranger. - Il faudrait te pousser. - Vous devriez nous suivre.

6 **Mode indicatif :** Les dés sont jetés. Il lui arrive de mordre. Il faut réussir.
Mode impératif : Fuyons cet endroit ! Attache-le bien.
Mode conditionnel : Ce serait génial ! Nous pourrions voter. Tu verrais la mer.

Le présent de l'indicatif PAGE 12

1
☒ Les pandas se nourissent de bambous.
☐ Nous n'avons pas aimé ce gâteau.
☒ Il regrette ses paroles.
☐ Je prendrai du recul.
☐ Les enfants feront leur valise.
☒ Les ordinateurs tombent en panne.
☒ Il n'y a pas de fumée sans feu.
☒ Sais-tu d'où je viens ?

2 Les enfants font leur valise. Nous n'aimons pas ce gâteau. Je prends du recul.

3 Nous poussons un cri. - Je finis le plat. - Il met un pull.

4 Vérifie avec un adulte. **À titre d'exemple :** Le client paye la facture. L'homme attend sur le trottoir. Vous dînez à la maison. Je dirige cette mission spéciale. Tu lances une invitation. Sans hésiter, nous acceptons.

5 Dominique rentre heureux...
Tous les mardis, Pierre appelle ses copains...
Nous voyageons toujours avec...
Les alpinistes espèrent réussir...
Voyez-vous parfaitement...

6

	1		2			3		4
	5 →	O	S	E	Z			
	A		O			E		
	6 → P	E	U	V	E	N	T	
	L		R			R		
	7 → A	G	I	S	S	O	N	S
	T		E			U		E
8 → R	I	O	N	S		L		R
	S		T			E		T
						S		

Le présent de l'impératif PAGE 14

1
☒ Au feu rouge, arrêtez-vous.
☐ Je vous adresse mes excuses.
☒ N'oublie pas ton maillot de bain.
☒ Eh bien, dansez maintenant !
☐ Il faudrait tout enregistrer.
☒ Entre et ferme la porte.
☒ Votons à main levée.
☐ Connais-tu ma sœur ?

2 Protégeons nos dents contre les caries... - Si tu veux faire du roller, protège-toi les coudes... - Protégez la forêt des risques d'incendie...

3 Fais un schéma. Faisons un schéma. Faites un schéma. - Ne te penche pas. Ne nous penchons pas. Ne vous penchez pas. - Suis le fil. Suivons le fil. Suivez le fil. - Corrige l'erreur. Corrigeons l'erreur. Corrigez l'erreur.

4 verbe avoir → 2e pers. du singulier : N'aie pas peur.
1re pers. du pluriel : Ayons l'air joyeux.
2e pers. du pluriel : Ayez du cran !
verbe être → 2e pers. du singulier : Ne sois pas timide.
1re pers. du pluriel : Soyons sincères.
2e pers. du pluriel : Soyez les bienvenus !

5 Habille-toi en clown. - Mettez-vous à l'abri. - Dépêchons-nous de finir. - Faufile-toi entre nous. - Taisons-nous avec respect. - Souviens-toi de ce détail.

6 Retournes-y. - Vas-y. - Penses-y. - Ajoutes-en. - Coupes-en.

Le présent du conditionnel PAGE 16

1 Voudrais-tu avancer un peu ?
Nous souhaiterions nous inscrire.
Pourriez-vous le raccompagner ?
Il faudrait les compter.

2 Nous espérons que vous viendrez nous voir après le déménagement.

3 Si l'entraîneur était d'accord, nous pourrions organiser des petits groupes. Nous formerions un premier groupe qui s'entraînerait aux tirs au but. Dans le deuxième groupe, les joueurs perfectionneraient leurs passes. L'équipe sera bien entraînée.

4 Si le vent se levait, je ~~hisserai~~ - hisserais la grand-voile. - Dans une semaine, je fêterai - ~~fêterais~~ mon anniversaire. - Je ~~pourrai~~ - pourrais vérifier le mot si j'avais un dictionnaire. - Quand elle sera pleine, je plongerai - ~~plongerais~~ dans la baignoire. - Je ~~détesterai~~ - détesterais sauter en parachute si on m'y obligeait.

5 J'aurais tort de te croire. - Auraient-ils une bonne étoile ? - Ensemble, nous serions plus forts. - Vous auriez un peu de monnaie ? - Sans ton plan, tu serais perdu. - On raconte qu'elles seraient malades. - S'il était grippé, il aurait de la fièvre.

6
- Si je ne tondais pas régulièrement, l'herbe envahirait le jardin.
- Nous souhaiterions pratiquer la planche à voile...
- Si on construisait un immeuble ici, les habitants protesteraient.
- En baissant le chauffage le soir, vous feriez des économies.

7 Si nous étions en vacances, nous prendrions le train, nous irions au bord de la mer, nous plongerions dans l'eau salée et, sur la plage, nous ramasserions des coquillages que nous pourrions vous rapporter.

Le futur de l'indicatif — PAGE 18

1
- ☐ Tu peux discuter avec tes camarades en attendant le bus.
- ☐ Comme il est beau avec sa nouvelle coupe de cheveux !
- ☒ De fortes rafales atteindront comme prévu les côtes de cette région.
- ☐ Allez-vous parfois à Paris par le train ?
- ☐ Les cousins nous ont accueillis dans leur bungalow à la campagne.

2 Tu pourras discuter avec tes camarades... - Comme il sera beau... - Irez-vous parfois à Paris... - Les cousins nous accueilleront dans leur bungalow...

3 Elle s'effacera et elle disparaîtra. - Nous reviendrons prochainement. - Tu ne dépasseras pas les limites. - J'irai aux États-Unis. - Exploreront-ils ce domaine ?

4
- Cet été, Mélanie et Florian retourneront en stage d'équitation.
- Vous choisirez une voiture spacieuse...
- Dimanche, tu feras un gâteau...
- Si je pars avant toi, j'arriverai en première position.
- Nous verrons les bateaux de pêche...

5
nous voulons → nous voudrons
elles sauront → elles seront
elle viendra → elle ira
j'avais → j'aurai
tu ferais → tu feras

6 pouvoir, ils pourront, ils vont pouvoir - mettre, vous mettrez, vous allez mettre - suivre, il suivra, il va suivre - courir, tu courras, tu vas courir - voir, nous verrons, nous allons voir.

L'imparfait de l'indicatif — PAGE 20

1 Minuit sonnait. Sam plongea plus loin sous sa couette pour essayer d'oublier ce maudit petit bruit qui l'empêchait de dormir. Rien n'y faisait. Au contraire, il amplifiait et ses oreilles ne percevaient plus que lui. Comme un souffle, comme si quelqu'un haletait, tout près. Sam pensa un instant : « Je vais courir jusqu'à la porte et je me sauverai... ». Il préféra allumer la lumière et regarder sous son lit : c'était ce bon gros Toutou qui ronflait tout bonnement en dormant !

2 Nous avions des soucis. - Je (ou Tu) choisissais une couleur. - Connaissaient-ils (ou elles) son nom ? - Devait-il (elle ou on) se soigner ? - Je (ou Tu) ne voulais pas sauter. - Vous buviez du thé glacé.

3 **Verbes au présent :** vous essuyez - nous étudions - nous crions - vous coloriez.
Verbes à l'imparfait : nous oubliions - vous payiez - nous travaillions - vous vous méfiiez.

4 Il buvait un grand bol... - Tu éclaircissais ce mystère. - Je ne pouvais pas témoigner. - Nous nous mariions en blanc. - Vous fuyiez la foule.

5 Je clignais des yeux. Tu clignais des yeux. Il clignait des yeux. Nous clignions des yeux. Vous cligniez des yeux. Ils clignaient des yeux.

6

		4 ↓			5 ↓		6 ↓			7 ↓	
		P			D		A				
		E			É		L			S	
1 →		I	N	S	T	A	L	L	A	I	S
		G			A		A			G	
2 →	A	N	N	U	L	A	I	T		N	
		I			A		E			I	
3 →	P	O	S	A	I	E	N	T		E	
		N			S		T			Z	
		S									

Le passé composé de l'indicatif — PAGE 22

1
- ☒ Le capitaine a donné l'ordre…
- ☐ Le jardinier arrosait…
- ☐ Il reste jusqu'au coucher…
- ☒ Je n'ai pas eu la chance de…
- ☒ Avez-vous aperçu l'étoile filante…

2 Le jardinier a arrosé les plates-bandes de tulipes. Il est resté jusqu'au coucher du soleil.

3 j'ai eu → avoir - j'ai téléphoné → téléphoner - nous avons organisé → organiser - Théo a pris → prendre - Alice est venue → venir - Simon a fait → faire - nous avons mis → mettre - nous nous sommes déguisés → se déguiser.

4 sorti - cru - refait - fermé - vendu - suivi - permis - lu - fondu - peint - ouvert.

5 Tu es montée au dernier étage... - Nos parents sont allés chercher Mamie... - Un joli petit lézard vert a disparu... - Vous avez suivi les indications... - Elle est partie précipitamment. - Je suis venu pour t'aider. - Tes cheveux ont beaucoup poussé.

6 Je suis allé(e) en Espagne. - Il a sauté une case. - Vous vous êtes trompé(e)(s). - Tu as rendu la monnaie. - Elle n'ont pas voulu. - Nous t'avons embrassé(e). - J'ai eu un nounours.

Le passé simple de l'indicatif (1) — PAGE 24

1
je racontais → je racontai
vous revîntes → vous partîtes
nous sautîmes → nous sautâmes
tu fini → tu finis

2 **Passé simple :** Il oublia son blouson. - Elles rougirent de colère. - Vous finîtes son travail. - Nous fûmes heureux. - J'eus de la chance.
Passé composé : J'ai reçu une lettre. - Tu as plié la serviette. - J'ai eu tort. - Il a bu son verre.

3 il fut - tu remplis - je notai - nous avertîmes - elles eurent - nous filâmes - ils réunirent - tu osas - j'écoutai - elles obéirent - je réfléchis - nous montâmes - tu décidas - il gémit - elles avancèrent.

4 Il se précipita vers le téléphone. - Tu acceptas de le rencontrer. - Je sortis rapidement. - Ils révisèrent leurs leçons et réussirent leurs examens. - Le jour se leva et nous repartîmes pleins d'entrain. - Le bus arriva et vous y montâtes précipitamment.

5 Elle ferma la porte à clé. - Tu chantas ce refrain. - J'achetai mon ordinateur.

Le passé simple de l'indicatif (2) PAGE 26

1 nous prîmes - tu vis - il suivit - je dis - vous vîntes - je crus - vous lûtes - elles tinrent - on put - tu sus.

2 je pus - je fis - je compris - je produisis - je connus.

3 voir - boire - prendre - faire - attendre - devoir - venir - mettre - croire - pouvoir - savoir - tenir.

4 Elles reçurent leurs amies... - Ils firent demi-tour... - Sur la rive, il aperçut un castor. - Soudain, le chien le mordit à la jambe. - Tu appris facilement... - Je sortis de ma chambre.

5 L'obscurité s'installa subitement. Rien ne parut bouger à bord du navire. Tout à coup, les marins entendirent une musique étrange transperçant la nuit. Ils crurent apercevoir l'ombre d'une montagne se dresser devant eux. Les chants semblèrent de plus en plus forts et les matelots eurent l'air terrifié. Puis ce fut à nouveau le silence.

3 Observe l'exemple pour conjuguer au présent de l'impératif.

Rouler à droite. → Roule à droite. Roulons à droite. Roulez à droite.

Faire un schéma. → ……………………

Ne pas se pencher. → ……………………

Suivre le fil. → ……………………

Corriger l'erreur. → ……………………

…… / 12

4 Recopie dans le tableau :

Soyons sincères. Ayez du cran ! Ne sois pas timide. N'aie pas peur.
Ayons l'air joyeux. Soyez les bienvenus !

	verbe avoir	verbe être
2e pers. du singulier	……………	……………
1re pers. du pluriel	……………	……………
2e pers. du pluriel	……………	……………

…… / 6

5 Transforme à l'impératif.

Tu t'habilles en clown. → ……………………

Vous vous mettez à l'abri. → ……………………

Nous nous dépêchons de finir. → ……………………

Tu te faufiles entre nous. → ……………………

Nous nous taisons avec respect. → ……………………

Tu te souviens de ce détail. → ……………………

…… / 6

6 Transforme selon l'exemple.

Mange des laitages.	Va au gymnase.	Ajoute du bleu.
Manges-en.	……………	……………
Retourne chez toi.	Pense au futur.	Coupe du pain.
……………	……………	……………

…… / 5

Le total de mes bonnes réponses est …… /40

Le présent du conditionnel

Je compt
mes bonn
réponses

Force 3

Observe la règle

- Tu emploies le **conditionnel** pour formuler un souhait, une politesse ou une action possible selon une condition (la condition est alors introduite par **si**, et le verbe est conjugué à l'imparfait).

  Si tu <u>connaissais</u> le chemin, tu nous guiderais.

- Pour former le **conditionnel présent**, tu utilises les mêmes **terminaisons** pour tous les verbes, comme pour le verbe **aimer** :

  j'aimerais — **nous aimerions**
  tu aimerais — **vous aimeriez**
  il aimerait — **ils aimeraient**

  Pour les verbes irréguliers, le radical peut varier :
  faire → je ferais - pouvoir → il pourrait - savoir → nous saurions

Ne confonds pas : le futur de l'indicatif avec le présent du conditionnel à la 1re personne du singulier.

au futur de l'indicatif → **En sortant, je fermerai à clé.** (tu fermeras...)
au conditionnel présent → **Si j'avais la clé, je fermerais.** (tu fermerais...)

1 Transforme au conditionnel présent selon l'exemple.

Je veux courir le marathon. → Je voudrais courir le marathon.
Veux-tu avancer un peu ? → ....
Nous souhaitons nous inscrire. → ....
Pouvez-vous le raccompagner ? → ....
Il faut les compter. → ....

...... / 4

2 Barre la phrase dont le verbe souligné n'est pas conjugué au conditionnel présent.

Nous espérons que vous <u>viendrez</u> nous voir après le déménagement.
Si j'avais un plan, je <u>retrouverais</u> facilement mon chemin.
Caroline <u>aimerait</u> une nouvelle raquette de ping-pong.

...... / 1

③ Entoure les verbes conjugués au conditionnel présent.

Si l'entraîneur était d'accord, nous pourrions organiser des petits groupes. Nous formerions un premier groupe qui s'entraînerait aux tirs au but. Dans le deuxième groupe, les joueurs perfectionneraient leurs passes. L'équipe sera bien entraînée. ....../4

④ Futur ou conditionnel présent ? Barre le verbe qui ne convient pas.

Si le vent se levait, je *(hisserai - hisserais)* la grand-voile.
Dans une semaine, je *(fêterai - fêterais)* mon anniversaire.
Je *(pourrai - pourrais)* vérifier le mot si j'avais un dictionnaire.
Quand elle sera pleine, *(je plongerai - plongerais)* dans la baignoire.
Je *(détesterai - détesterais)* sauter en parachute si on m'y obligeait. ....../5

⑤ Complète avec avoir ou être conjugués au conditionnel présent.

- Un dîner dehors serait agréable.
- J' .... tort de te croire.
- ....-ils une bonne étoile ?
- Ensemble, nous .... plus forts.
- Vous .... un peu de monnaie ?
- Sans ton plan, tu .... perdu.
- On raconte qu'elles .... malades.
- S'il était grippé, il .... de la fièvre.

....../7

⑥ Conjugue au conditionnel présent.

- *(envahir)* Si je ne tondais pas régulièrement, l'herbe .... le jardin.
- *(souhaiter)* Nous .... pratiquer la planche à voile cet été.
- *(protester)* Si on construisait un immeuble ici, les habitants ....
- *(faire)* En baissant le chauffage le soir, vous .... des économies.

....../4

⑦ Transforme le texte en changeant le pronom.

Si j'étais en vacances, je <u>prendrais</u> le train, j'<u>irais</u> au bord de la mer, je <u>plongerais</u> dans l'eau salée et, sur la plage, je <u>ramasserais</u> des coquillages que je <u>pourrais</u> vous rapporter.

Si nous étions en vacances, ...

....

..../5

Le total de mes bonnes réponses est .... /30

Le futur de l'indicatif

Je compte mes bonnes réponses

Force 1

Observe la règle

- Tu emploies le **futur** de l'indicatif pour exprimer une action qui se déroulera de façon certaine dans l'avenir.

  Je ferai ce que tu voudras.

- Tu formes le **futur simple** de l'indicatif en ajoutant les **terminaisons** suivantes à l'infinitif du verbe (pour tous les verbes) :

je m'amuserai	**nous nous amuserons**
tu t'amuseras	**vous vous amuserez**
on s'amusera	**ils s'amuseront**

Fais attention : certains verbes du 3e groupe ont leur radical qui change.

voir → je verrai	**faire → tu feras**	**pouvoir → il pourra**
aller → nous irons	**venir → vous viendrez**	**prendre → elles prendront**

- Tu formes **le futur proche** avec le verbe **aller** au présent + l'infinitif du verbe :

  Je vais partir à Paris. **Il va venir à Marseille.**

1 **Trouve la phrase dont le verbe est conjugué au futur. Coche sa case.**

- ☐ Tu peux discuter avec tes camarades en attendant le bus.
- ☐ Comme il est beau avec sa nouvelle coupe de cheveux !
- ☐ De fortes rafales atteindront comme prévu les côtes de cette région.
- ☐ Allez-vous parfois à Paris par le train ?
- ☐ Les cousins nous ont accueillis dans leur bungalow à la campagne.

...... / 1

2 **Écris au futur les phrases de l'exercice 1 qui ne le sont pas.**

....

....

....

....

...... / 4

3 Transforme le futur.

Il va changer de costume. → *Il changera de costume.*
Elle va s'effacer et elle va disparaître. → ....
Nous allons revenir prochainement. → ....
Tu ne vas pas dépasser les limites. → ....
Je vais aller aux États-Unis. → ....
Vont-ils explorer ce domaine ? → ....

...... / 5

4 Conjugue les verbes entre parenthèses au futur simple.

- *(retourner)* Cet été, Mélanie et Florian .... en stage d'équitation.
- *(choisir)* Vous .... une voiture spacieuse pour famille nombreuse.
- *(faire)* Dimanche, tu .... un gâteau à la noix de coco.
- *(arriver)* Si je pars avant toi, j' .... en première position.
- *(voir)* Nous .... les bateaux de pêche dans le vieux port.

...... / 5

5 Trouve l'erreur de conjugaison, barre-la et corrige-la.

je voudrai	je serai	j'irai	j'avais	je ferai
tu voudras	tu seras	tu iras	tu auras	tu ferais
il voudra	il sera	elle viendra	elle aura	il fera
nous voulons	nous serons	nous irons	nous aurons	nous ferons
vous voudrez	vous serez	vous irez	vous aurez	vous ferez
elles voudront	elles sauront	ils iront	ils auront	elles feront
....	....	....	....	....

...... / 5

6 Complète le tableau.

infinitif	futur simple	futur proche
déjeuner	*je déjeunerai*	*je vais déjeuner*
....	ils pourront	ils ....
mettre	vous	vous ....
suivre	il	il ....
....	tu courras	tu ....
voir	nous	nous ....

...... / 10

Le total de mes bonnes réponses est .... /30

L'imparfait de l'indicatif

Je compte mes bonnes réponses

Force 1

Observe la règle

- Tu emploies **l'imparfait** pour exprimer une action passée qui a duré dans le temps ou une action habituelle qui a eu lieu dans le passé.

  Jadis, la télévision n'existait pas. Nous allions souvent au cinéma.

- Pour tous les verbes, tu formes l'imparfait en utilisant les **terminaisons** suivantes :

je visais	**nous visions**
tu visais	**vous visiez**
il visait	**elles visaient**

Retiens bien : l'imparfait se forme toujours de la même façon :
radical de la 1re personne du pluriel au présent + terminaisons.

prendre → nous prenons → je prenais...
présent — imparfait

Fais attention !

nous souriions - vous souriiez - nous voyions - vous voyiez...

1 Souligne les verbes conjugués à l'imparfait.

Minuit sonnait. Sam plongea plus loin sous sa couette pour essayer d'oublier ce maudit petit bruit qui l'empêchait de dormir. Rien n'y faisait. Au contraire, il amplifiait et ses oreilles ne percevaient plus que lui. Comme un souffle, comme si quelqu'un haletait, tout près. Sam pensa un instant : « Je vais courir jusqu'à la porte et je me sauverai... ». Il préféra allumer la lumière et regarder sous son lit : c'était ce bon gros Toutou qui ronflait tout bonnement en dormant !

...... / 8

2 Trouve un pronom sujet.

- .... avions des soucis.
- .... choisissais une couleur.
- Connaissaient-............ son nom ?
- Devait-............ se soigner ?
- .... ne voulais pas sauter.
- .... buviez du thé glacé.

...... / 6

3 Classe dans le tableau :

vous essuyez - nous oubliions - nous étudions - vous payiez - nous travaillions - nous crions - vous vous méfiiez - vous coloriez.

Verbes au présent	Verbes à l'imparfait
....	....
....	....
....	....
....	....

...... / 8

4 Transforme à l'imparfait.

Il boit un grand bol de lait. → ....

Tu éclairciras ce mystère. → ....

Je ne pourrai pas témoigner. → ....

Nous nous marions en blanc. → ....

Vous avez fui la foule. → ....

...... / 5

5 Conjugue à l'imparfait, à toutes les personnes : *cligner des yeux*.

- ....
- ....
- ....
- ....
- ....
- ....

...... / 6

6 Verbes croisés à l'imparfait.

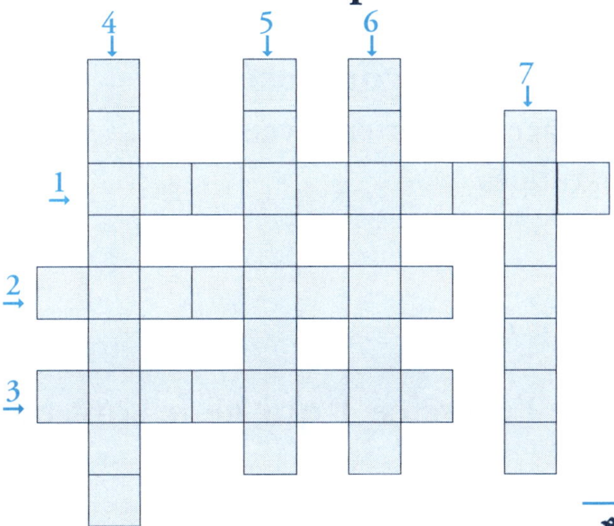

1 → installer (1re pers. du singulier)

2 → annuler (3e pers. du singulier)

3 → poser (3e pers. du pluriel)

4 → peindre (1re pers. du pluriel)

5 → détaler (2e pers. du singulier)

6 → aller (3e pers. du pluriel)

7 → signer (2e pers. du pluriel)

...... / 7

Le total de mes bonnes réponses est ...... /40

Le passé composé de l'indicatif

Je compt
mes bonn
réponses

Force 1

Observe la règle

- Tu utilises le **passé composé** pour exprimer un événement passé ou qui vient de se dérouler.

  Il a reçu son argent de poche : il est allé au cinéma.

- C'est un temps composé. Il est constitué d'un **auxiliaire** (**avoir** ou **être** au présent) et du **participe passé** du verbe.
  - Le participe passé des verbes en **-er** se termine par **-é** :
    j'ai donné (donner) - je suis tombé (tomber)...
  - Le participe passé des verbes en **-ir** se termine par **-i** :
    j'ai fini (finir) - j'ai choisi (choisir)...
  - Le participe passé des autres verbes peut se terminer par : **-u**, **-i**, **-t**, **-s**.
    j'ai vendu (vendre) - j'ai cueilli (cueillir) - j'ai offert (offrir) - j'ai pris (prendre)...

Retiens bien : pour trouver la lettre finale d'un participe passé, tu peux le mettre au féminin : **pris (prise) - fait (faite) - parti (partie) - vu (vue).**

1 Coche la case si le verbe est conjugué au passé composé.

- ☐ Le capitaine a donné l'ordre à tout l'équipage de quitter le vaisseau.
- ☐ Le jardinier arrosait les plates-bandes de tulipes.
- ☐ Il reste jusqu'au coucher du soleil.
- ☐ Je n'ai pas eu la chance de vous rencontrer.
- ☐ Avez-vous aperçu l'étoile filante dans la nuit noire ?

...... 5

2 Récris au passé composé les phrases de l'exercice 1 qui ne le sont pas.

....

....

...... 2

3 Donne l'infinitif des verbes soulignés.

Mercredi, il a plu tout l'après-midi. Alors, soudain, j'ai eu une idée : j'ai téléphoné aux amis du quartier et nous avons organisé un carnaval-surprise chez moi. Théo a pris ses disques, Alice est venue avec sa trousse de maquillage, Simon a fait des crêpes, nous avons mis de la musique et nous nous sommes déguisés.

pleuvoir ....
....
....
....
....
....
....
....

...... / 8

4 Donne le participe passé des verbes.

nouer → noué	fermer →	lire → ....
sortir →	vendre →	fondre → ....
croire →	suivre →	peindre → ....
refaire →	permettre →	ouvrir → ....

...... / 11

5 Complète avec l'auxiliaire qui convient.

• Tu .... montée au dernier étage de l'immeuble. • Nos parents .... allés chercher Mamie à l'aéroport. • Un joli petit lézard vert .... disparu dans la rocaille. • Vous .... suivi les indications du mode d'emploi. • Elle .... partie précipitamment. • Je .... venu pour t'aider. • Tes cheveux .... beaucoup poussé.

...... / 7

6 Écris au passé composé.

J'irai en Espagne. → ....
Il saute une case. → ....
Vous vous trompiez. → ....
Tu rends la monnaie. → ....
Elles ne voudront pas. → ....
Nous t'embrassons. → ....
J'ai un nounours. → ....

...... / 7

Le total de mes bonnes réponses est ...... / 40

Le passé simple de l'indicatif (1)

Je compt
mes bonn
réponses

Force 2

Observe la règle

Tu peux utiliser le passé simple pour exprimer une action de courte durée qui s'est déroulée à un moment précis dans le passé.

Il demanda la carte et choisit le menu du jour.

- Pour conjuguer les verbes du **1er groupe** :
  radical du verbe + terminaisons comme pour le verbe **demander** :

je demandai	**nous demandâmes**
tu demandas	**vous demandâtes**
il demanda	**ils demandèrent**

- Pour conjuguer les verbes du **2e groupe** :
  radical + terminaisons comme pour le verbe **choisir** :

je choisis	**nous choisîmes**
tu choisis	**vous choisîtes**
elle choisit	**ils choisirent**

Retiens bien :

- avoir : j'eus - tu eus - il eut - nous eûmes - vous eûtes - ils eurent
- être : je fus - tu fus - elle fut - nous fûmes - vous fûtes - elles furent

1 Trouve l'erreur de conjugaison, barre-la et corrige-la.

je racontais	je partis	je sautai	je finis
tu racontas	tu partis	tu sautas	tu fini
il raconta	il partit	elle sauta	elle finit
nous racontâmes	nous partîmes	nous sautîmes	nous finîmes
vous racontâtes	vous revîntes	vous sautâtes	vous finîtes
elles racontèrent	elles partirent	elles sautèrent	elles finirent
....	....	....	....

...... / 4

2 Classe les phrases dans le tableau.

Il oublia son blouson. J'ai reçu une lettre. Tu as plié la serviette. Elles rougirent de colère. Vous finîtes son travail. J'ai eu tort. Nous fûmes heureux. J'eus de la chance. Il a bu son verre.

passé simple	passé composé
....	....
....	....
....	....
....	....

...... / 9

3 Conjugue au passé simple à la personne demandée.

être → il	filer → nous	réfléchir → je ....
remplir → tu	réunir → ils	monter → nous ....
noter → je	oser → tu	décider → tu ....
avertir → nous	écouter → j'	gémir → il ....
avoir → elles	obéir → elles	avancer → elles ....

...... / 15

4 Conjugue le verbe entre parenthèses au passé simple.

• Il *(se précipiter)* .... vers le téléphone. • Tu *(accepter)* .... de le rencontrer. • Je *(sortir)* .... rapidement. • Ils *(réviser)* .... leurs leçons et *(réussir)* .... leurs examens. • Le jour *(se lever)* .... et nous *(repartir)* .... pleins d'entrain. • Le bus *(arriver)* .... et vous y *(monter)* .... précipitamment.

...... / 9

5 Transforme au passé simple.

Elle ferme la porte à clé. → ....

Tu chantais ce refrain. → ....

J'ai acheté mon ordinateur. → ....

...... / 3

Le total de mes bonnes réponses est ...... /40

Le passé simple de l'indicatif (2)

Je compte mes bonnes réponses

Force 3

Observe la règle

La plupart des verbes du 3e groupe sont des verbes irréguliers.

- Certains verbes se conjuguent comme le verbe **vouloir** :

je voulus	**nous voulûmes**
tu voulus	**vous voulûtes**
il voulut	**ils voulurent**

- D'autres verbes irréguliers ont un passé simple en **-i** :
  faire → je fis - écrire → j'écrivis - mettre → je mis - produire → je produisis - voir → je vis - prendre → je pris - conduire → je conduisis - s'asseoir → je m'assis.
- Les verbes **tenir** et **venir** ont leur passé simple en **-in : je tins - tu vins.**

Retiens bien : pour conjuguer les verbes du 3e groupe, tu cherches oralement la 1re personne du singulier et tu en déduis les autres.
je fis → ils firent - je voulus → elles voulurent - je vins → ils vinrent

1 Conjugue au passé simple les verbes à la personne demandée.

prendre → nous ....

voir → tu ....

suivre → il ....

dire → je ....

venir → vous ....

croire → je ....

lire → vous ....

tenir → elles ....

pouvoir → on ....

savoir → tu ....

...... / 10

2 Récris chaque verbe à la 1re personne du singulier.

ils tinrent → je tins

elles purent → je ....

ils firent → je ....

elles comprirent → je ....

ils produisirent → je ....

elles connurent → je ....

...... / 5

❸ Trouve l'infinitif des verbes conjugués.

- nous vîmes : ....
- tu fis : ....
- je vins : ....
- nous pûmes : ....
- vous bûtes : ....
- elle attendit : ....
- vous mîtes : ....
- je sus : ....
- je pris : ....
- ils durent : ....
- nous crûmes : ....
- tu tins : ....

...... / 12

❹ Conjugue les verbes entre parenthèses au passé simple.

- Elles *(recevoir)* .... leurs amies sous la véranda.
- Ils *(faire)* .... demi-tour au bout de l'impasse.
- Sur la rive, il *(apercevoir)* .... un castor.
- Soudain, le chien le *(mordre)* .... à la jambe.
- Tu *(apprendre)* .... facilement ton solfège.
- Je *(sortir)* .... de ma chambre.

...... / 6

❺ Complète le texte en conjuguant les verbes au passé simple :

entendre - croire - s'installer - paraître - avoir - sembler - être.

L'obscurité .... subitement. Rien ne .... bouger à bord du navire. Tout à coup, les marins .... une musique étrange transperçant la nuit. Ils .... apercevoir l'ombre d'une montagne se dresser devant eux. Les chants .... de plus en plus forts et les matelots .... l'air terrifié.

Puis ce .... à nouveau le silence.

...... / 7

Le total de mes bonnes réponses est .... /40

Tableau d'évaluation

Pour chaque notion, tu as compté tes bonnes réponses. Coche la case qui correspond à tes résultats dans le tableau ci-dessous. Tu verras alors si tu as encore besoin d'approfondir certaines connaissances et si elles sont acquises.

Acquis
Tu as bien compris et tu sais mettre en application tes connaissances.

En cours d'acquisition
Tu es sur le bon chemin mais tu as encore besoin de t'exercer.

Non acquis
Tu n'as pas tout bien compris et tu dois encore travailler.

Notion	Date			
L'infinitif des verbes (1)	....	Plus de 35 ☐	Entre 25 et 35 ☐	Moins de 25 ☐
L'infinitif des verbes (2)	....	Plus de 15 ☐	Entre 10 et 15 ☐	Moins de 10 ☐
Le temps des verbes	....	Plus de 20 ☐	Entre 15 et 20 ☐	Moins de 15 ☐
Les modes de conjugaison	....	Plus de 20 ☐	Entre 15 et 20 ☐	Moins de 15 ☐
Le présent de l'indicatif	....	Plus de 20 ☐	Entre 15 et 20 ☐	Moins de 15 ☐
Le présent de l'impératif	....	Plus de 20 ☐	Entre 20 et 30 ☐	Moins de 20 ☐
Le présent du conditionnel	....	Plus de 20 ☐	Entre 15 et 20 ☐	Moins de 15 ☐
Le futur de l'indicatif	....	Plus de 20 ☐	Entre 15 et 20 ☐	Moins de 15 ☐
L'imparfait de l'indicatif	....	Plus de 30 ☐	Entre 20 et 30 ☐	Moins de 20 ☐
Le passé composé de l'indicatif	....	Plus de 30 ☐	Entre 20 et 30 ☐	Moins de 20 ☐
Le passé simple de l'indicatif (1)	....	Plus de 30 ☐	Entre 25 et 35 ☐	Moins de 20 ☐
Le passé simple de l'indicatif (2)	....	Plus de 30 ☐	Entre 20 et 30 ☐	Moins de 20 ☐

Imprimé en France par Normandie Roto Impression s.a.s., à Lonrai (Orne)
N° d'impression : 090065 - Dépot légal n° 68731 - Février 2009